이비 그치면

이비 그치면

류시균 시집

좋은땅

머리말

버들곰 류시균

시는 무엇인가?
왜, 나는 시를 쓰는가?
늘 나 자신에게 던지는 물음이다.
시는 언어이기 이전에 삶을 바라보는 방식이며, 나란 존재를 인식하는 하나의 태도이다. 그것은 나와 자연 사이에 놓인 투명한 다리이며, 보이지 않는 것을 포착하려는 치열한 응시이다.

나는 자연과의 대화를 통해 시를 쓰려 한다. 들판을 스치는 바람, 나뭇잎의 떨림, 흐르는 강물의 조용한 노래 속에서 시의 씨앗이 자란다. 자연은 침묵하지 않는다. 다만 인간의 언어로 번역되지 않았을 뿐, 나는 그 무언의 언어를 듣고, 느끼고, 내 언어로 옮기려 애쓰고 있다.
시는 그렇게 태어난다.
자연을 바라보는 일은 곧 나 자신을 들여다보는 일이기도 하다. 나와 자연은 분리된 존재가 아니라, 서로의 거울이자 분신이다. 꽃 한 송이 앞에서 멈춰 선 나의 시선이, 결국은 나 자신을 향한 것이듯, 시를 쓴다는 것은 내면을 다듬고 고요하게 가라앉히는 작업이다.

  이 시집은 그런 과정 속에서 쌓아 올린 언어들의 집이다. 풀잎 하나, 돌멩이 하나, 안개 한 줄기와 나눈 작고 사적인 대화들이 모여 있다.
  그것은 어쩌면 자연이라는 이름의 시인이 먼저 써 내려간 시를, 인간의 언어로 번역하려는 소박한 시도일지도 모른다.
  시는 진리를 말하지 않는다.
  그러나 진리를 향한 숨은 뜻을 남기고 있다.
  이 시가 독자 한 사람의 마음에 잔잔한 물결이 되기를, 그리고 그 물결 속에서 각자의 자연과 자아를 만나는 여정을 시작하시길 소망한다.

목차

I. 말 한마디 못 하고

떨리는 손끝	···12
말 못 할 그리움 속에	···14
말 한마디 못 하고	···16
이 비 그치면	···18
가평의 고요한 아침	···19
언젠간	···20
무력감	···21
인생무상(人生無常)	···22
첫 만남	···24
사랑의 언어	···26
달콤한 밤의 휴식	···27
고백	···28
고동 소리	···29
이별의 아쉬움	···30
인연(因緣)	···31
악수	···32
아쉬움	···33
그리움	···34
인연의 끈	···35
기다림	···36
이별과 재회	···38

Ⅱ. 일상의 행복

하루의 일상	…40
염원	…41
한가위 가족	…42
마지막 잎새	…43
친구야	…44
화장실 명상	…46
인생길	…47
말 없는 아이	…48
깨달음	…50
쉼표	…51
삶의 의미	…52
죽음	…53
묘지의 슬픔	…54
그리운 고향	…56
찐한 친구	…58
새해 아침	…59
쉬어가자	…60
고향에 대한 그리움	…61
재충전의 시간	…62
삶의 짐	…63
무심(無心)	…64
일상의 행복	…65

Ⅲ. 신호등

신호등	…68
출근길	…70
경춘국도	…71
퇴근길	…72
도시의 작은 등대	…74
하루 여정	…76
옛 강촌역을 지나며	…78
골목길의 노래	…80
콧구멍 다리	…81
상상 속 여행	…82
작은 씨앗	…83
도시의 정원	…84
오욕의 역사	…86
강촌의 기억	…88
무너진 하늘길	…90
의병 마을 가정리	…92
남한산성	…93
삼전도의 굴욕	…94
인생의 두 갈래 길	…96
고산(孤山)의 옛이야기	…98
함께하는 길	…99
어느 의인(義人)의 행동	…100

Ⅳ. 장미의 노래

밤바다	···104
설악의 아침	···106
장미의 노래	···108
호박 덩굴	···109
소양강 처녀	···110
감자	···111
하얀 구름	···112
물안개	···114
흙탕물	···115
참새 방앗간	···116
시냇물	···118
킹 카누	···119
다람쥐 한 쌍	···120
삼악산	···121
의암호 갈대숲	···122
꽃을 심는 남자	···123
청개구리	···124
잡초	···126
새싹의 노래	···127
옥상의 정원	···128
가을비	···129
달맞이꽃	···130

Ⅰ. 말 한마디 못 하고

"너 없는 시간은
종일 비 내리는 오후같이 지루하다.
말없이 젖어가는 노트에
너의 이름을 속삭여 본다.
그러나 언제나
나를 향한 너의 마음은
첫눈처럼 조용히 내린다.
닿는 곳마다 세상이 환해지고
바람마저 너를 닮아 부드럽다."

떨리는 손끝

떨리는 손끝으로
그녀의 손을 살포시 잡으니
세상이 온통 꽃밭으로 활짝 피어난다

심장 속 새장 안에
작은 새가 날갯짓하며
노래하는 듯
서툰 걸음으로 나란히 걷는다

말없이 나누는 이야기
손바닥에 적히는 사랑의 시
꽃잎처럼 붉어진 볼
그녀를 볼 때마다 숨겨진 미소가 흐른다

어색한 침묵 속에서도
틈새로 스며드는 따스함
말보다 깊은 교감의 순간
설렘의 향기
그녀 곁에 있을 때면

온 세상이 달콤해지는 마음의 안식을 얻는다

서로의 눈빛에 담긴
주고받는 사랑의 언어
말하지 않아도 알 수 있다

첫사랑의 떨림으로
세상을 다 가진 듯한 행복
손잡은 채로 영원히 걷고 싶다

말 못 할 그리움 속에

시간 사이로
불현듯 피어오른 그녀의 웃음소리
햇살 같은 온기로 나를 젖어 들게 하네

잃어버린 청춘의 빛
그녀의 앳된 미소는
가슴 속 잠든 나를 깨워
심장 속으로 날아든다

머리카락 마디마디 그녀의 웃음이
한 권의 책으로 담아낸 숨은 이야기들

눈 맞춤으로 시간이 멈춘 듯한 설렘
다시 찾은 청춘의 떨림
그리고
못다 핀 꽃
늦은 가을에 피어난
내 마음의 꽃봉오리가 되어

환한 웃음 속에
그녀의 모든 것을 담아
말 못 할 그리움 속에 나는 오늘도 살아간다

말 한마디 못 하고

먼 거리에서 바라보는 뒷모습에
그녀를 향한 마음
다가가고 싶은 충동
말을 걸고 싶은 욕망

하지만
그림자만 바라보며 설레는 가슴
아련히 들려오는 목소리에 애태울 뿐

눈이 마주칠 때면
그녀의 눈웃음이
속삭이는 듯
황홀한 환상 속에 빠져든다

손짓하며 다가오는 그녀
말 한마디 못 하고
그저 미소로 허공을 가르고

세월은 무심히 흘러가도

여전히 미궁에 빠진 사랑의 노래
더 이상 기다려주지 않는 시간

사랑이 사랑으로
사랑은 사랑으로
그렇게 우리의 이야기는
산속의 메아리 되어 홀로 퍼진다

이 비 그치면

빗방울 창문에 맺히듯
내 그리움 가슴에 맺혀
하늘이 울음 그칠 때
내 발걸음도 멈춰서서 본다

쏟아지는 빗줄기 사이로
너의 얼굴 아른거리며
구름이 걷히는 그 순간
내 마음도 비로소 맑아지네

이 비 그치면
흘러가는 기다림의 시간들
마지막 물방울 떨어질 때
마침내
내 사랑이
너에게 성큼 다가가리

가평의 고요한 아침

가평의 하늘 아래
여름비 내리는 냇가에서
물안개 젖은 맑은 물줄기 따라
손끝으로 그리는 사랑의 파장이 흐른다

촉촉한 입술에 맺힌 빗방울
장난스레 튀기는 물방울 속에
그녀의 웃음소리 은은히 울려 퍼지고
어우러진 마음 사랑의 노래를 속삭인다

젖은 머리칼 사이로 스며드는
물안개 속 비밀
가평의 고요한 아침 속에서
물결처럼 일렁이는 사랑의 감정은
오늘도 그 여름날의 추억을
두고두고 곱씹어보게 한다

언젠간

당신은 바위
나는 물방울
끊임없이 떨어지는 내 사랑의 노래로
언젠간
당신의 마음을 흠뻑 적시리라

당신은 돌
나는 바람
쉼 없이 불어대는 내 그리움으로
언젠간
당신의 모습을 조약돌처럼 빛나게 하리라

무력감

당신의 고통
내 가슴에 새겨진 보이지 않는 상처
말없이 흐르는 눈물 창밖의 빗줄기와 하나 되어
당신의 아픔은 내 영혼을 옥죄는 철사줄
그 끝을 잡고 싶어도 손끝에 닿지 않네

멀리서 바라보는 당신의 모습에
안개 속 희미한 등대
내 마음의 배가 되어
당신 곁에 닿지 못하고 표류하네

당신의 고통을 덜어낼 수 없는
이 무력감
마른 땅에 떨어지는 빗방울처럼
헛되이 스러지고 마네

인생무상(人生無常)

눈을 감으면
생각나는 사람이 있다
추억의 한 페이지를
장식한 그 사람은
나의 인생에 즐거움을 주고 떠났다

눈을 감으면
보고 싶은 사람이 있다
울며 웃으며
희로애락을 같이 한
그 사람은
나에게
아쉬움을 남겨둔 채 떠났다

눈을 감으면
만나고 싶은 사람이 있다
불연 듯 찾아와
평탄한 인생길을
갈기갈기 찢어놓고 간

그 사람은
내게 말없이
마음의 상처를 주고 떠났다

눈을 감으면
눈을 감으면
주위에 아무도 없다
세상의 온갖 즐거움도 괴로움도
함께 할 친구도 없다
말없이 내게 다가올 친구도 없다

첫 만남

공지천 수변공원의
푸른 빛 사이를 뚫고
수줍은 듯
성큼성큼 다가오는 그녀

봄의 향기를 품은
새싹들이
긴 목을 살포시 들이밀며
오작교(烏鵲橋)를 만들고 있다

길고 긴 약속 시간
발아래 다가올 때
설레는 마음
진정시킬 시간도 없이

작은 눈 크게 뜨고
사방을 두리번거리는 사이

어느덧 오작교를 건너

다가선 그녀의 눈망울 속으로
빨려 들어가는
나의 몸을 발견한다

맑은 듯 수줍은 목소리
환한 미소와
시원시원한 대답이
나의 심장에 피뢰침을 꽂는다

타버린 심장
얼어붙은 발자국에

숨 돌릴 틈 없이
풀벌레 소리가 멀어져 갈 때

다시
새로운 심장의
고동 소리가 들린다

사랑의 언어

말과 말 사이 머무는
어색한 적막
그 공백이 의미를 키워가고

침묵의 순간
무언의 손짓
눈웃음으로 화답하며

밝은 표정
서로의 눈 맞춤으로

감정을 무르게
무르익게
사랑의 깊이를 더해가네

달콤한 밤의 휴식

사랑하는 사람 품에 안겨
세상 근심 잊는 시간
때로는 짧고
때로는 길게
꿈나라로 떠나는
달콤한 밤의 휴식

이제 잠시 내려놓은 무거운 짐
깊은숨을 들이쉬고 내쉬며
생기 넘치는 영혼으로 거듭나길
나를 되찾는 시간에
그 안의 에너지가 채워진다

고백

가끔
술에 취한 늦은 밤
용기를 내어 전화를 건다

수줍어
몇 번이고 몇 번이고
망설이며
준비하고 또 준비했던 말
어제도 오늘도 내일도
술김에라도 던지고 싶은 말

꿈에서라도
그 꿈에서라도
마주 보며 고백하고 싶은 말

오늘도 설렘 속에
주저주저하며
말없이
수화기를 내려놓는다

고동 소리

살포시 다가오듯
옷깃을 스치는 가벼운 떨림소리
바라다보이는 건
의암호 햇살 아래 놓인
반짝이는 형형색색의 무지개
창밖에 고요히 밀려오는 물결은
잔잔히 흐르는 파도 소리 마냥
나를 흥분케 한다

언제부터일까?
보면 볼수록 가까이 더 가까이
기억나지 않는 만남 속에서도
미세한 손 떨림이
마음의 소리를 증폭시켜
아주 작은 속삭임에도
심장의 고동 소리가 멈추질 않는다

이별의 아쉬움

그녀를 처음 본 순간
떨림으로 이어진 인연
감정의 물결이
마음 깊숙한 내면 속에서
거센 파도가 되어 한바탕 일렁인다

눈빛만 마주쳐도
심장의 고동 소리가 두근거리고
따스한 온기가
온몸을 설렘으로 감싸기 시작하네

뒤돌아선 발걸음에
그리움 물밀듯이 밀려와
이별의 아쉬움 가슴에 가득 채운 채
홀연히 말없이 사라지네

언제일지 모를 기약 없는 만남에
스쳐 지나간 그 순간의 추억이
그녀를 향한 그리움만 마음속에 영원히 남아…

인연(因緣)

남해 바닷가
거제에서
핸드폰으로 들려오는
희미한 목소리의 주인은
누구일까?
누구였을까?
소리로 느끼는
찐한 떨림의 울림은
잔잔한 호숫가에
돌 던져 그리는 파장처럼
스멀스멀 몸속을 기어다닌다
물수제비 마냥
물결 위를
한없이 튕기며 사라져간다
연(緣)일까?
춘몽(春夢)일까?
그저
바람처럼 왔다가는 인연(因緣)일까?

악수

손을 잡은 그녀의 손끝에
심장은 쿵쾅쿵쾅
숨은 가빠지며
세상이 멈춘 듯
전율이 온몸을 휘감는다

살갗으로 다가오는 온기가
내 마음을 적시며
말 못 할 사랑의 메아리가
산 너머 울림이 되어 퍼질 때
아득한 그리움이
떨리는 손 마디마디 사이로 피어오른다

아쉬움

손끝이 스치는 찰나 전율이 온몸을 휘감습니다
그 짧은 접촉은 마치
시간이 멈춘 듯한 감동을 선사합니다
우연히 스치는 접촉에 따스한 온기가 되어
설렘으로 온몸을 감싸고
이내 그리움과 아쉬움으로 가슴을 가득 채우며
내면 깊숙이 울림을 줍니다
말로 표현할 수 없는 감정이
서로의 존재를 확인하고
마음을 나누는 무언의 대화로 다가와
시간이 멈춘
그 순간의 감동은
나의 마음속 오래오래
여운으로 남습니다

그리움

동쪽 하늘 바라볼 때마다
그리움 강산에 묻고

마음속 허전함 홀로
가슴 쓸어내리며
거닐던 발걸음 멈춰 서는데

우연히 마주친
그녀 모습은

차가운 등짐 짊어진 채
사박사박 말없이 멀어져만 간다

인연의 끈

말 못 할 사정으로
헤어진다 해도
죽음을 넘어
새로운 생명의 시작을 알리는
한줄기 비가 되어
작은 물방울로 떨어지면

실개천 따라
강물로 흘러 흘러
드넓은 바다에서도
끝없는 인연의 여정을
이어가겠지

기다림

한 그루 나무 위로
가을 햇살 잎새처럼 떨어지는
그녀의 밝은 미소

은빛 머리카락 사이사이로
스며드는 그리움
시간이 멈춘 듯한 눈빛이 나를 다시 부른다

서툰 심장의 떨림
잊었던 청춘의 설렘
다시 깨어나는 뜨거운 감정
억누를 길 없이
쌓인 세월만큼
깊어진 사랑의 무게를 느낀다

말하지 못한 채 가슴에 묻어온
애틋한 기다림은
창가에 맺힌 빗방울처럼
그녀를 향한 마음 점점 고여만 간다

허물어진 꿈 위에
새로 피어나는 희망의 꽃
늦은 사랑의
아름다운 고통도
다시 나를 잠재우지 못한다

이별과 재회

이별은 영원한 것이 아니라
일시적인 것
재회의 약속이 없더라도
허공을 떠돌다 스치듯
언젠가 다시 만나는 우연 그리고 필연으로
오늘의 작은 아픔도
내일의 큰 기쁨이 되어오리니…

II. 일상의 행복

"눈물과 웃음이 뒤섞인 길 위에서
우리는 울며 웃는다.
삶이란
새벽에 울려퍼진 첫 울음소리와
저녁놀 질 때 포옹하며 가는 마지막 길
그사이 우리는
찢겨진 노트에 그려진 명화처럼
수많은 계절을 거닐며 노래하는 것이다."

하루의 일상

오선지 위
춤추는 음표 사이사이
머무는 긴 한숨
침묵을 강요해도
운율은 꿈틀대고
멜로디는 깊이를 더 해가네
쉼 없이 달려온 인생
빽빽한 리듬으로 가득 찬 날들
어디에 쉼표를 둘 것인지
그저 막막하기만 한 하루
오늘 그리고 내일

염원

너의 삶이
곧 나의 삶이 되어
어둠 속에 타올라 한 줌의 재가 된다 해도
그 흔적은 어딘가를 떠돌며
너와 나의 마음속 깊은 곳에
영원히 살아있으면 좋으련만…

한가위 가족

달빛 아래 고즈넉한 마을
송편 빚는 손길에 가족의 정 어려
조상의 땀방울 맺힌 들판 가로질러
분주한 발걸음 서두른다

차례상 앞 옷깃 여미던 마음
추억 속 할머니 손맛 그리움으로 되살아나고
풍요와 감사 나눔과 화합
잠시 멈춰 고개 들어 하늘을 바라보네

시간이 흘러 한가위 보름달은
마음도 몸도 점점 멀어져가는 거리감
그래도 여전히
보름달 아래 모인 가족 그 소중함을 기억한다

마지막 잎새

바람에 흔들리고
시간의 물결에 휩쓸려
떨어질 듯 떨어질 듯
그래도 끝까지 버티는 몸부림
마지막 잎새는 그렇게 하루를 지샌다

꿈꾸던 미래의 숲은
흩어진 기억의 동료들만
앙상한 나무 밑 땅바닥에 나뒹글며
후회의 바람에 떨고
미련의 이슬에 젖어
마지막 삶을 놓지 못하는
애달픈 사연은

고독한 춤사위가 되어
혹한의 비바람이 몰아칠 때
힘없이 떨어지는 마지막 잎새가
내 생의 마지막을 보는 것 같아
안타깝기만 하다

친구야

길을 걷다 보면 문득문득
지금도 네 생각에
잠 못 이룬다 친구야

첫 만남의 설렘으로
마주한 얼굴
해맑은 모습에
잠시나마
잠시나마
행복한 순간이었는데

시간이 지나면서
왜 그리 미워졌는지
그래도 친구가 너밖에 없어
짜증을 참아가며 만난 날들
보고 또 봐서
돈독해야 할 우정
그게 진실은 아닌데

친구야
가끔 네 모습이 그립다
만나면 만날수록 진솔한 너를
헛된 사심의 감정으로 대한
나의 자괴감에

지난날
미워했던 내 심정은
자신에 대한
감정이었던 것을

친구야
이제야 고백한다

화장실 명상

좁은 문을 열고
백색 의자에 무릎 대고 앉으니
몸과 마음이 풀어진다
시원한 해방감 쾌감의 물결
편안함이 온몸을 감싼다
세상의 소음 멀어지고
고독한 사색의 시간
나만의 은신처인 이 작은 방에서
잠시 무념(無念)의 세계로 빠져든다

인생길

부푼 가슴을 안고
태어난
새싹의 봄날
기대와 환희는
한낱 지난날의
한 조각 구름에 떠다니던
황홀한
나의 환상이었나?

말 없는 아이

고요한 방 안
작은 손으로 퍼즐을 맞추며
자기만의 세계에 빠져든다

소리 없는 목소리로
말 대신 행동으로 표현하는
침묵 속에 숨겨진 이야기들
들을 수 없는 자신만의 언어를 만들어 간다

때론 불안과 두려움
목구멍에 걸린 말들의 무게
세상과 단절된 듯한 고독 속에서
말 없는 아이의 예리한 관찰력은
분명한 진실을 말하려 한다

기대에 부응치 못한다는 압박감
그 무게를 견디며 자라나는 아이
침묵 속에 숨겨진 강인함이
더욱더 자신을 내면 속으로 숨으려 한다

손끝으로 전하는 따뜻한 감정
눈빛으로 나누는 깊은 대화
소통의 아름다움을 뒤로 한 채
조용히 자신의 길을 걸어가는 아이

말없이 성장하는 삶의 여정에
언젠가 열릴 마음의 문을 기다리며
조금이나마 소통의 동반자가 되었으면
좋으련만…

깨달음

언제 만났을까?
뇌리에 스치듯 지나간 사랑이
희미한 기억 속의 추억으로
다시 담아오지 않는다는 것을…

언제 보았을까?
화폭에 찍힌 빛바랜 사진은
세월의 무상함만 남긴 채
또렷한 표정으로 되살아 오지 않는다는 것을…

언제 알았을까?
밤마다 찾아오는 목소리의 주인공
꿈틀대는 기억의 몸부림
또렷한 표정의 모습도
이제는 희미한
지나간 옛일이라는 것을

쉼표

쉼 없이 달리는 육신
무시했던 피로의 신호들
이제야 듣는다, 몸의 속삭임
"쉼표 하나만 찍어 주오."

삶의 의미

봄의 향기 가득한 소양강 변
바람 소리와 함께 들려오는
새들의 노래 소리
그 속에서 피어나는 꽃들의 향기가
나를 감싸며
내 마음속에 파고든다

길 위에서 만난 사람들의 미소와
웃음소리
그들과 함께 나누는 이야기 속에서
잊어버린 삶의 의미를 찾는다

죽음

인생이란 무엇인가?
물으면 물을수록 알 수 없는 공허함

숱한 나날
그저 덧없이
세월만 흘러 흘러
지나간 시간을 되돌리지 않는다

첫 출발의 꿈도 희망도
경륜을 쌓아가면 갈수록
미지의 세계로 들어가기만 하는데

순간순간의 기쁨도
그때그때의 슬픔도
한낱 덧없음을 느끼게 하고
죽음의 두려움이 걷히는 순간
비로소
인생의 뒤안길이
현실이 되어 내게 다가온다

묘지의 슬픔

고향 집 뒷산에
홀로 마을 지키며
이제나저제나
발걸음 소리 기울이며
고요히 잠들어 있는 죽은 심장은

희로애락을 겪으며
삶의 전부를 남기고 간 인연
시들어가는 풀잎 밑
잠들어 있는 수호신이 되어
홀로 애타게 자손을 기다리는데

매정하다 소리쳐보지만
세월이 덧없음에도
혹여 찾아올까 발걸음 소리에
풀벌레 소리 합창하듯 목메어 기다려지네

봉긋한 가슴에 묻어둔
어릴 적 곱게 핀 할미꽃은

오간 데 없이
축 늘어진 밤나무 아래
단장한 잡초들만
툭- 툭 떨어지는 울음소리가 되어
더디 가는 이승의 발걸음을 재촉한다

그리운 고향

힘든 날
외로운 밤이면
어머니의 손끝
아버지 거친 손길이
그리움으로 묻혀
고향의 포근한 품을 그린다

거꾸로 흐르지 않는 강물
돌아갈 수 없어
창밖에 떠 있는 달을 바라보며
바람에 실려 오는 그리운 목소리
고향의 하늘을 바라본다

꿈속에서라도 달려가고 싶어
익숙한 골목
따뜻한 앞마당
어린 날의 추억이 살아 숨 쉬는 곳

갈 수 없는 고향

마음속에 영원히 살아있는
내 영혼의 뿌리를 갈구한다

오늘도 내일도
그리운 고향을 향해
손끝에 닿지 않는 꿈을 꾸며
고향 하늘을 쳐다본다

찐한 친구

가까운 친구가 있다
더 가까운 친구가 있다
좀 더
가까운 친구가 있다
사람과 사람 사이
우리는 늘상 친구가 있다
눈을 떠보니
친구가 거기에 있다
꿈을 깨보니
친구가 거기에 있다
태어날 때 없던 친구
죽을 땐 말없이 지켜주는 친구가 있다
다시 만날 수 없어
돌아서서 눈물 훔치는
친구가
거기에 말없이 홀로 서 있다

새해 아침

올해도 변함없이
세월은 흘러
또 한 해가 저물지만
허물 벗듯 낡은 생각 벗어던지고
지혜롭게 앞날을 헤쳐 나가는
새로운 희망을 향해
지평선 바다 위로
솟아오르는 태양을 가슴 가득 채우리

쉬어가자

끝없는 질주
숨 가쁜 나날들
발걸음 멈추고
내 귀에 들리는 심장의 속삭임
"잠시, 쉬어가자!"

고향에 대한 그리움

어린 시절의 기억들이
바람에 실려 오는 듯
푸르른 논밭
햇살에 반짝이는 이삭들
그곳에서 뛰놀던 나의 웃음소리
지금도 귓가에 맴도는 듯

밤하늘의 별들이
내 고향의 하늘을 비추고
달빛이 내 마음을 어루만지면
그리운 얼굴들이 하나둘 떠오르네

갈 수 없는 길목에서
나는 여전히 그곳을 바라보며
추억의 조각들을 모아
내 고향을 그리워한다

재충전의 시간

잠시
내려놓은 무거운 짐
깊은 숨
복식호흡 하듯
들이쉬고 내쉬며
내 안의 에너지
다시
채우고 나니

생기 넘치는 영혼으로
거듭나네

삶의 짐

인생의 종착역에 다다르기 전
짊어진
삶의 무거운 짐들을
하나하나 풀어놓고
서로를 보듬으며
가벼이 떠나보자

무심(無心)

한 아름 손에 든
꽃송이 한 다발
애타는 마음으로
소리쳐 불러 보아도
잔잔한 물결 소리에
메아리로 들릴 뿐
나루터 뱃사공은
말없이 노만 젓는다

일상의 행복

점심 후
카페 문을 열고 들어서며
따뜻한 커피 한잔에
하루의 피로를 적신다

잔잔한 음악이
소소한 기쁨을 피워내는 시간

창밖의 햇살이 미소 짓고
사람들의 웃음소리가 어우러진
일상 속에서 나는
행복한 나를 발견한다

Ⅲ. 신호등

"인생은 바람 따라 걷는 오솔길
이정표 없는 날에도
우리는 걷는다.
넘어지고 부서진 자리마다
잡초 틈새에 꽃 한 송이 피어나듯
우리는 어른이 되고
상처는 이름 모를 지혜가 된다."

신호등

피로에 가팔라진 내 눈
번쩍이는 신호등을 향해 고정된다
빨간 불빛에 눈이 따갑고 눈꺼풀이 무거워진다
기다림의 지루함
차 안에 갇힌 듯한 답답함
핸들을 두드리며 초조하게 초록 불을 기다린다
목뒤로 식은땀이 흐른다
현실의 무게
노란 불빛이 깜빡일 때 어깨가 으쓱 올라가고
가슴 한편이 조여온다
초록 불 켜지자마자
눈이 번쩍 뜨이고
온몸의 근육이 긴장을 푼다
입에서 작은 한숨이 새어 나온다
반복되는 일상
다음 신호등을 향해 달리면서
또다시 눈은 멍해지고
머릿속은 복잡한 생각으로 가득 찬다
이마엔 주름이 깊어지며

매일 반복되는 오늘의 일상에서
신호등은 사라지지 않는다

출근길

서두름과 초조함
시간과의 싸움
붉은 신호등 앞 답답한 가슴 열어젖히고
나는 무언의 소리를 지른다

이른 시간임에도
왠지 피곤함에 젖은 듯
반복되는 일상에 대한 체념
그러나 문득 스치는 작은 희망
하루에 대한 새로운 기대감이
나를 절망에서 희망으로 끄집어낸다

짜증과 설렘이 교차하는 출근길
복잡한 감정의 소용돌이 속에
오늘도 내일도
나는 그 길을 달려간다

경춘국도

눈앞에 펼쳐진 경춘국도
봄의 향기를 느낀다

달리는 속도에 가속이 붙으면
윙윙 소리가 귓가를 때린다

스쳐 지나가는 봄의 풍경에
마음 들뜬 처녀의 치맛자락 소리가 들린다

이제는 식상한 길이지만
펄럭이는 치마 소리에
가만
귀 기울여
눈을 지그시 감고

길옆에 피어난
꽃잎에서
봄의 향기를 느낀다

퇴근길

저녁 햇살에 반짝이는 빛
노을 지는 구름 위로 하루를 지새운다

졸음 가시고 정신이 맑아지는 순간
여유로운 마음으로 달리는 퇴근길에
절로 나오는 콧노래와
즐기는 드라이브가
나의 오늘을 잊게 한다

우연히 마주친 이웃의 미소
짧은 인사로 나누는 따뜻한 교감
퇴근 후
커피 한잔에서 나오는 향기의 위로가
서두르지 않아도 되는 여유로움에 빠져들게 한다

집 앞 주차장에 잠시 멈춰
운전대와 실랑이를 하는 순간
반겨줄 가족을 생각하니
하루의 설렘도

하루의 고통도
머릿속 텅텅 비워둔 채
오늘도 가슴 뿌듯하게 현관문을 열어젖힌다

도시의 작은 등대

삼색이 어우러져
도시의 맥박을 조율하는 침묵의 지휘자
신호등

시간의 흐름을 노래하며
기다림의 순간 멈춤의 붉은 빛은
잠시 숨 고르는 여유
바쁜 일상 속 작은 쉼표로
이제야 마음의 창을 열어본다

기대와 긴장이 교차하는
찰나의 순간을 담아내는 노란 빛의 속삭임으로
새로운 시작을 꿈꾸며
희망의 초록빛이 번쩍일 때
미래를 향한 문이 열리고
앞으로 나아가는 첫발의 시작을 알린다

도시의 심장 한가운데
쉼 없이 반복되는 리듬

삶의 박자를 맞추어가는
우리의 일상을 지키는 침묵의 수호자
신호등

빛의 언어로 말을 건네는
도시의 작은 등대
불빛을 따라가다 보면 어느새 집 앞에 다다른다

하루 여정

새벽안개 속 차들의 행렬
붉은 신호등 아래 멈춰선 시간
엔진 소리와 경적 소리 뒤섞여
도시의 아침을 깨운다

서두르는 마음 초조한 눈빛들을 보며
시계 바늘은 무심히 돌아가고
라디오에선 교통방송이 울려 퍼지지만
나아갈 길은 보이지 않는다

창밖으로 스쳐 지나가는 얼굴들
모두가 같은 표정을 짓고
잠시 멈춘 틈 사이로 문득 드는 생각
이 길이 나를 어디로 데려가는지 알 수 없다

푸른 신호등이 켜지면 다시 출발은 하지만
반복되는 일상 무의식적인 하루
가슴 한편 작은 갈등을 접어두고
오늘도 나는 그 길을 달려가야만 한다

차창에 비친 내 모습에
흠뻑 묻어나는 질문들
오늘은 무엇이 나를 기다리고 있을까?

옛 강촌역을 지나며

차창 밖으로 스치는 검봉산
옛 강촌역을 지나는 순간
추억의 물결이 밀려온다

학창 시절 MT의 설렘과
춘천행 기차 안 웃음 가득한 미소
흥분의 열기로 가득했던 그 시절
모든 것이 가능해 보이던 날들이다

의암호 물줄기 따라
기타 치고 노래하던 우리
강바람에 실려 오는 비릿한 향기가
지금도 코끝에 맴도는 듯

새싹의 희망과 녹음의 푸르름이 어우러져
맘껏 열정을 발산하던 낭만과 사랑의 뒤안길
청평사의 알록달록한 단풍 아래
하얀 눈으로 뒤덮인 강물 따라
달라지는 사계절 풍경은

세월이 흘러 흘러 어른이 되었지만
이 길을 지날 때마다
지금도
가슴 한편에 젊은 날의 추억이 살아나고
잠시나마 시간을 거슬러 올라간다

우리의 청춘을 지켜주는 듯
옛 추억을 되살려주는데…

골목길의 노래

시간이 멈춘 듯한
벽돌 틈새로 피어난 추억의 꽃
삐걱거리는 나무 대문 소리에
어린 날의 웃음소리 메아리치고
담벼락에 그려진 알록달록 그림들
어제의 꿈을 오늘에야 말하는 골목길은

구불구불 이어진 길 사이로
발걸음마다 과거로 돌아가는 여행
낡은 간판, 녹슨 우편함에
옛이야기를 품고 있다

바스락거리는 봄바람 속에
추억의 조각들이 춤추는
골목 끝 어딘가에
내 어린 시절 꿈이 아직도 숨어있을까?

콧구멍 다리

호수 위 자욱이 넘실대는
콧구멍 다리에 서서
쏟아지는 폭포수 위에
하얀 베일을 두른 물안개가
지평선 끝에서 피어오르는 아지랑이처럼
춘천의 아침을 맞이한다

상상 속 여행

바쁜 일상 속
커피 한 모금 긴 한숨으로
창밖으로 흐르는 구름
잠시 멈춰 바라보는데

잔디밭에 누워
하늘을 올려다보는 순간
책장을 넘기는 소리
파도 소리에 귀 기울이며
모래사장을 걷는다

상상 속으로 떠나는 바다 여행이
어느덧 숨어들어와
나의 마음을 들뜨게 한다

작은 씨앗

길을 걷다
땅의 속삭임에 귀 기울이면
작은 생명의 떨림이 들려온다

어느덧 봄의 향기를 맡은
초록의 마디마디
하늘을 향해 조심스레 뻗어
내게 약속이라도 한 듯
성큼성큼 다가온다

아침 이슬에 반짝이는
새싹들의 소리 없는 멜로디가
땅속의 잠을 깨우며
바람 소리 살랑살랑
들판에 펼쳐진 초록의 물결로
겨울을 이겨낸 듯 강인함을 과시한다

한 알의 작은 씨앗에서 시작된 기적
생명의 경이로움이 오늘 나를 즐겁게 한다

도시의 정원

긴 가로수 그림자 아래
소나무에 걸린 부엉이가 나를 쳐다본다

깊은 사색에 잠긴 오리 한 마리
눈만 깜빡이며
토라진 눈빛으로 보는 토끼가
도시의 정원에서 나를 반기고 있다

문 앞에 들어서면
무심한 듯 지나가는 발걸음에도
도심 속 푸른 정원
목적 없이 찾아드는 발걸음 소리만 들린다

얽힌 실타래처럼 복잡한 심경
매듭 풀려 하지만
보이는 건 오직
내 마음의 허상뿐

나의 눈엔

쓰레기로 가득 찬 휴지통만
여기저기 돌아다닌다

오욕의 역사

오늘은
남한산성 가는 길
하나둘 모이는 발걸음이
가볍지만은 않다

마을버스 굽이치는 아리랑 길이
순탄치만은 않다

산허리 지나 산성 절벽 아래로
내려다보는 고소공포증
현기증 울림이 심장에 부딪혀도
고지가 바로 저긴데
마음을 다잡으며 오르고 또 오른다

산성에서 바라보는
오욕의 역사
백성을 지키지 못한 수치는 뒤로 한 채
차마
옛 선조들에 대해

자랑스럽지 못한 마음을 가진 것은
혼자만의 감정일까?

강촌의 기억

강물의 속삭임이 들려오는
내 고향 강촌
푸른 산과 맑은 물이 어우러져
자연의 품 안에 안겨 있다

어린 시절
작은 길을 따라
하늘 향해 뛰어오르며
햇살에 반짝이는 물결 바라보며
꿈을 키우던 그 시절이 그립다

바람에 흔들리며
자유롭게 춤추는
강가에 피어나는 야생화
친구들의 물놀이에 소란스러운 웃음소리
작은 배 타고 떠나던
여름날의 기억이
잊지 못할 추억으로 남아

강촌의 저녁노을 아래
어둠 속 별빛 하나둘 반짝이며
우리의 이야기를 들려준다

언제나 마음에 자리 잡은
내 고향 강촌은
강물처럼 흐르는 시간 속에서
그리움이 가득한
소중한 기억의 땅이다

무너진 하늘길

무안공항 활주로에 꺾인 날개
부서진 꿈의 파편들이 흩어지고
179명의 별이 스러진 그 자리에
비통한 울음소리만 메아리친다

국가의 존망이 초롱불에 흔들리듯
혼돈의 그림자가 드리워지고
탄핵의 망치 소리에 귀 기울이는 사이
무안의 하늘은 검은 연기로 물들었네

리더쉽의 공백 속에
서로를 부둥켜안고 일어서야 할 시간
슬픔을 나누고 위로하며
함께 견뎌낼 이 어둠의 시간

무너진 신뢰를 다시 쌓고
부서진 희망을 모아
우리는 다시 일어서야 할
그 시간에

네 탓 내 탓 하기에 급급한 정치
세월이 덧없이 흘러만 간다

의병 마을 가정리

신선산 자락 아래
고요히 흐르는 홍천강 변 작은 마을

굽이굽이 남이섬으로 이어진 물길
구불구불 산길 사이로
스며드는 세월의 향기에도
세대를 이어 내려오는
독립운동의 꿈
의병 의지를 담아내는
산골 마을 가정리

그곳에서
숨 막히는 의병 이야기를
300년 된
세 그루의 은행나무가 말없이 풀어낸다

남한산성

온조왕의 성터라며
통일신라 주장성은 지금
남한산성이라 한다

북쪽을 향해
남하를 막던 성벽이
몽고군 침입할 때도
항몽의 의지를 불태우던 성이
병자호란으로
삼전도의 치욕스런
역사의 한 페이지를 남기고도
자랑스러운 양
유네스코에 등재된 안타까운 사연은

지나는 발걸음 발걸음마다
성벽 갈라진 틈 속에서
굴욕의 숨소리가 들려온다
끝까지 저항하자던
조상의 탄식 소리가 들려온다

삼전도의 굴욕

나라를 지키겠다고
전쟁에 대비하겠다고
한양 도읍 마주 보며 쌓아 놓은 성
마치
병자호란을 예비하듯
싸울 생각보다
피신키 위한 남한산성 정상에
나는
생각 없이 오늘도
가볍게
산성을 기어오른다

사색당파로
백성을 버리는 순간
한양 도읍을 버리는 순간
힘도 의지도 백성도
이미
하늘이 선택한 굴욕이었다

애초에 잘못된 선택
삼전도의 굴욕으로 마침표를 찍을 때
수만의 백성이
공여 물로 바쳐지는 순간
여기저기 들려오는 팔도의 곡소리
상엿소리

성벽을 지키는
뱀딸기 덩굴마저
나라를 나라라 부르지 마라 했다

인생의 두 갈래 길

걷는다
그리고 또 걷는다

한 걸음 내딛는 발걸음이 무겁다

땅을 디디고 걷는 발걸음
한 걸음 한 걸음마다

구름 위 내려앉은
만상(萬象)의 원한(怨恨)을
가득 짊어지고
뚜벅뚜벅 걷는다

그저 걷는다
땅만 보고 걷는다

한 걸음 내딛는 발자국이 가볍다

지평선 위에

살포시 찍어낸 발자국

그 발자국이

한 폭의 수채화(水彩畵)처럼
아름답게
세상을 수놓는다

고산(孤山)의 옛이야기

중도(中島)의 안개 속에 깃든 전설
고요한 산길에 역사의 숨결이 흐른다

고산(孤山)의 나무 아래 소양강을 바라보던 옛 선비들
중도(中島)의 물결은 소리를 담아
세월을 넘어 오늘에 이르고

고요한 밤하늘에 별빛이 내리면
춘천의 강바람에 실려 온 이야기가
고산(孤山)의 옛이야기가 되어

나의 마음에 살포시
발걸음 발걸음마다 스며들어
역사 속에 되살아 꿈틀거리고 있네

함께하는 길

긴 여정이 우리 앞에 놓여있다면
밤하늘 별빛 아래 이야기 나누며 걸어가자

피할 수 없는 길이라면
웃음으로 채워가며
서로 어깨에 기대어 고단함을 달래보자

함께 가는 길에서
새로운 꿈을 꾸고 서로 보듬으며
다시 일어설 힘을 얻어보자

어느 의인(義人)의 행동

사람을 살려야 한다
사람을 살려야 한다

오직 그 마음뿐

화마에 휩싸인 불길 속
아우성치는 신음소리
온몸에 피어오르는 불길

주저하면 주저할수록
죽음의 생명은 늘어간다

강원도 양양
어느 조용한 마을의 화재 현장
그 속에서

의연히
주저함 없이
불길 속으로 뛰어든 의인(義人)이 있다

불법체류자 알리

생사(生死)의 갈림길에서
오직
사람을 살려야 한다
사람을 구해야 한다
그리고 사라진 모습

불법외국노동자의 비애(悲哀)
그리고 현실

우리는 그의 마음에서
사람의 심성(心性)을 느낀다

우리는 그의 행동(行動)에서
사람의 향기(香氣)를 읽는다

그리고
그리고

법(法)의
냉혹(冷酷)함을 다시 생각한다

Ⅳ. 장미의 노래

"낙엽은 다 주고도 미련 없이
땅 위에 몸을 누인다.
바람이 그것을 주워
계절에게 전한다.
그리고 숲은 말없이 안아준다.
바람은 등을 토닥이고
햇살은 머리카락을 쓰다듬는다.
아무 말 하지 않아도
자연은 내 마음을 안다."

밤바다

파도 위 흔들리는 달빛 수면 아래
낚싯대 끝 매달린 운명
실 한 가닥에 엮인 두 세계
인내와 끈기로 밤바다에 꿈을 던지네

깊은 물 속 꿈틀대는 생명
호기심과 경계심 사이 생존과 욕망의 갈림길에
물거품 되는 자유도 잊은 채
달콤한 독임을 알고도 미끼의 유혹에 걸려드네

낚시꾼의 손에 걸린 순간
하지만 누가 알까 잡는 자가 잡힌 자인지
서로를 찾아 헤매는 영혼
밤의 철학자들만 아는 비밀

수면 위 기다림의 시간
수면 아래 숨 죽은 긴장
둘의 만남은 짧은 순간에도
영혼을 담은 찰나의 춤사위로 서로를 바라본다

승패도 없는 삶의 순환 속 맞물린 톱니바퀴
밤이 깊어갈수록 더욱 선명해지는 진실게임
물고기와 낚시꾼 모두가 운명을 건 한판 승부
나는 밤바다에서 넋 놓고 바라본다

설악의 아침

아침 안개 속 설악산 입구
손끝에 맴도는 커피 향기가
바위와 나무 사이로
스며드는 햇살의 속삭임에 묻어난다

솔 향기와 어우러진
에스프레소의 쌉쌀함
자연의 숨결과
내 숨결이 하나 되어
산새 소리에 귀 기울이며
마음속 시어(詩語)를 찾아 헤맨다

저 멀리 구름 너머로
꿈틀대는 봉우리들
시간이 멈춘 듯한 고요 속
내 안의 감성이 깨어난다

청아한 구름 밑에 드러난 울산바위처럼
쌓인 도시의 번잡함 털어내고

설악의 품에 안겨
커피 한잔에 담긴 여유를 음미한다

장미의 노래

부드러운 꽃잎 위로
달콤한 향기 퍼지며
마음속 깊이 스며드는
애틋한 마음 온몸에 감겨온다
시간이 흘러가도
가시 품은 장미의 아름다움은
나의 마음 구석구석
송곳으로 푹푹 찌르는데
붉은빛 펼쳐진 꽃잎
가시 돋친 줄기에도
시간을 넘어
사랑의 이슬은 송골송골 맺히네

호박 덩굴

초록의 손길이 담장을 타고
끝없는 열정으로 하늘을 향해 뻗어가는
꿈틀거리는 생명력에 눈길이 머문다
노란 꽃잎이
햇살을 머금어 피고 지고
둥글게 부푼 열매는
대지의 축복을 담아내면서
시간의 흐름을 온몸으로 새기는데
가을바람에 흔들리는 잎새 소리에
들릴 듯 말 듯 덧없는 인생의 속삭임에도
아랑곳하지 않는 호박 덩굴의 생명력에서
나는 행복한 자연의 삶을 꿈꾼다

소양강 처녀

소양강 물결 위
나룻배 삐걱거리는 소리
열여덟 꽃봉오리 꿈을 안고 배타는 처녀
그 안에 담긴 애틋한 사연
소양 2교를 건너는 사람들은 그 사연을 알까

노래하는 갈대 사이로
흐르는 그리움의 멜로디
여전히 애틋한 기다림의 시간은
빛바랜 세월의 흔들림에도
그녀의 눈빛에 애틋한 사연이 고스란히 담겨있다

나룻배에서 만난 그 처녀
소양강물에 비친 달빛처럼 아름답고
애틋한 전설로
흘러가는 세월의 노랫소리만 남고
춘천의 상징이 되어
오늘도 의암호 밤을 지키며
물 위에 말없이 서 있다

감자

비 내린 후
어느 봄날
거친 손으로 흙을 일궈 심은 씨눈
희망의 씨앗을 땅속에 묻었다

따스한 햇살과 비에 젖어
파릇파릇 고개를 들고
꽃 피워 하늘 향해 미소 짓는 너의 모습에
잡초와의 전쟁도 피곤한 줄 모른다

여름 지나 가을이 오면
황금빛 알알이 모습을 드러낼 때
바구니에 담은 너를 보며
가슴 뿌듯한 심정으로 발걸음을 옮긴다

하얀 구름

문득 고개를 들어 하늘을 바라보니
끝없이 펼쳐진 푸른 캔버스 위에
하얀 구름이 춤을 추고 있다

솜사탕 같은 뭉게구름
바람에 실려 천천히 흘러가고
깃털처럼 가벼운 새털구름
하늘 높이 점점이 흩어져 있다

파란 하늘 그 깊이를 가늠할 수 없어
눈을 들면 그저 아득해지기만 하고
하얀 구름 비집고 들어선 검은 구름들
보는 이의 상상력을 자극한다

때론 거대한 산맥이 되었다가
때론 포근한 양 떼로 변하고
어느새 용이 되어 하늘을 날아오르는
변화무쌍한 모습에서

하얀 구름 사이로 비치는 햇살
세상을 따스하게 비추고
구름 그림자 드리운 대지 위로
시원한 바람이 불어온다

잠시 멈춰 서서 하늘을 올려다보며
일상의 번잡함을 잊고
구름과 함께 떠도는 마음
잠시나마 자유를 만끽한다

하얀 구름 사이로 보이는 하늘
그 광활한 대지가
내 마음을 씻어주고
구름의 자유로운 움직임이
내 영혼을 위로하는 듯하다

물안개

비 내리는 8월의 첫날
의암호에 내려앉은
물안개 자욱한 산책로를 거닐며
시원한 여름비에 젖어 든다

흙탕물

흙탕물로 물들인 소양강
애타는 눈길들 물 위에 머물며
잦아드는 물살과
사그라드는 물길을 뒤로하고
소양강은 오늘도 내일도
짙은 무게를 안고 흔들림 없이 흐른다

황톳빛으로 번져버린 손수건처럼
마음에 스며드는 아픔
시간이 흘러도 변하지 않는
소양강의 고집스러움은
언제쯤이면
언제쯤이면
기다림의 시간만큼
내 가슴을 씻어내릴까?

참새 방앗간

겨울의 문턱에 서서
차가운 바람이 스치는 날
작은 생명들이 몰려든다

겨울의 품안 가득 한 알의 씨앗이
생명의 쉼터가 된 이곳
참새들은 모여
소리 없이 춤을 춘다

찌지- 잭 찌지- 잭
작은 목소리들의 합창
떨어진 볍씨 하나에도
기뻐 날갯짓하는 생명의 무리

배고픔을 잊는 위안은
함께하는 순간에서
서로의 따뜻한 체온을 나누며
고요한 겨울을 잇는다
방앗간 주인의 한숨 섞인 미소

쫓아내지 못할 정겨운 손님들
따뜻한 이야기가 피어난다

생존과 공존의 겨울 이야기
작은 생명들의 큰 희망이 피어나는 곳
참새 방앗간

시냇물

우이령 고개 아래
숲속 길 따라
수줍은 듯 졸- 졸- 졸
옷깃을 풀어 제치고
함께 가자
함께 가자고
자꾸만
날 유혹하네

킹 카누

넘실거리는 물 위로
내리쬐는
따가운 햇살 아래
스르르 물길을 헤치며
잔잔한 의암호에
물수제비 작은 파장 일으키듯
퐁당퐁당 뛰어
홀로 외로운 사람끼리
의암호를 보듬는다

다람쥐 한 쌍

북한산 자락
숲속을 헤집고 꿈틀거리는
두 마리의 그림자

술래잡기라도 하듯
오르내리는 엘리베이터에
사랑의 멜로디가 울려 퍼지네

눈을 들어보면 나무 위
눈을 내려보면 나무 밑
서로가 사랑놀이라도 하는 듯
숨바꼭질하는 다람쥐 한 쌍이 있다

우연히 마주친 눈동자
멀끔히 바라보며 호기심 어린 말로
무심코 건넨 한마디
"너는 이곳에 왜 왔니?"
미처 대답할 사이 없이
생까고 가버린 다람쥐 부부가 있다

삼악산

의암호 붕어섬 끝자락에 서서
앞을 가로막는 산봉우리가
용화봉
등선봉
청운봉의 삼악(三岳)이라

맥국 삼악 산성을 뒤로하고
늑대 바위 기대고 올라간 이들
정상에서 내려다보는 환희
베인 땀 녹아내리는
천지개벽 절경에
평생에 한 번 맛보는 쾌감
의암호의 경관은 그들만의 세상인 듯…

의암호 갈대숲

살살 부는 바람에도
남실거리며
무뚝뚝한 사내 앞에서도
흐느적흐느적 끼를 부리는 친구

가까운 듯 멀리서
언제나 그곳에서
내게 눈웃음으로
손짓하며
의암호를 바라보는
나를 유혹하는 이가 있다

꽃을 심는 남자

햇살 아래
땀방울이 뚝뚝 떨어지고
그의 손끝에서 생명이 움트기 시작한다

"이건 장미, 저건 해바라기"
흙먼지 가득한 작업복을 입고
씨앗을 하나하나 심는 남자

작은 꿈을 뿌리듯
가슴속의 열정을 흙에 묻는다

청개구리

청개구리 한 마리가
깻잎에 살포시 포개져
초록 한 점선으로 그어진 것을
한동안 바라본 후
그것이 청개구리임을 알았다

발걸음 멈춰 서서
길 잃은 청개구리 앞에
눈 맞추려 다가가 보지만
눈길 주지 않고
행여 잡아갈까
쥐 죽은 듯 고요히 엎드려있다

겨울잠 들기까지
먼 시간 긴 세월을
어찌 살아가라고

어미 청개구리는
가던 길 멈춤 없이

말썽꾸러기 자식을 버려두고
홀쩍 어디로 떠나갔을까?

잡초

소리 없이
비집고 자라나는 잡초는
푸른 잔디 사이로
햇살을 받으며
자갈밭 거친 모래 사이에
자유롭게 생명력을 뿜어낸다

질긴 뿌리로 땅을 움켜잡고
바람에 흔들리면서도
거친 손길에 물러서지 않는
생존하는 인내
강인함 속의 아름다움이 숨겨진
자연 속의 작은 거인

흙 속에 뿌리내리고
하늘 향해 뻗어가는 모습은
자유의 아이콘으로
나의 희망이 되어 솟아오른다

새싹의 노래

땅의 속삭임에 귀 기울이면
작은 생명의 떨림이 들려온다

널 푸른 들판에
연약해 보이는 초록의 손가락이
하늘을 향해 조심스레 팔을 흔들며
잠자던 대지의 아침을 깨운다

실바람에도 살랑거리면서
겨울을 이겨낸 강인한 의지로
생명의 경이로움을 노래하는
작은 씨앗에서 시작된 기적
오늘의 나를 되돌아보게 한다

옥상의 정원

옥상에 펼쳐진 작은 정원은
삶의 아름다움을 느끼는
나만의 소중한 공간으로 다가와

도시의 소음이 사라지고
높은 빌딩 사이로 스며드는 햇살
작은 화분에 심어진 아름다운 꽃들은
파란 하늘을 배경으로
자신의 이야기를 속삭이네

도시의 회색빛 풍경 속에서
이 작은 정원은
손끝에서 느껴지는 흙의 감촉
그 안에 숨겨진 생명의 힘이
내게도 전해져

매일매일 조금씩 자라는 작은 생명들
그들과 함께 조금씩 성장해 가며
내 하루의 피로를 씻어낸다

가을비

창가에 맺힌 물방울
이야기를 나누듯
부슬부슬
가을비가
흐르고 있다

차가운 바람이 스치고
떨어지는 낙엽들에
하나둘 젖어 들면서
이별의 서글픈 노래를 부른다

터벅터벅
빗속을 걸어가는 그들의 발걸음은
리듬 타고 소리 없이 속삭인다

비 갠 언덕 위 청량한 하늘 아래
흠뻑 젖은 땅은
내일을 기약하는
생명의 숨결을 느끼게 한다

달맞이꽃

해가 뉘엿뉘엿 땅거미가 깔리고
어둠이 서서히 짙어지는 들녘에
그녀는 비로소 눈을 떴다

안개에 갇힌 아침에도
온종일 입가에 맴돌던 말들을
꽃잎 안에 스스로 숨긴 채
모두들 잠드는 고요한 밤에
스스로 피어나는 꽃
달맞이꽃

야행성 곤충들은 달빛 아래 조심스레 무릎 꿇고
은은한 향기로 밤의 적막을 물들이는
달맞이꽃을 맞이한다는 것을
나는 알고 있지

한 줄기 햇살이 비추지 않아도
밤이 올 때야 비로소
스스로 기억하는 이름이었다

이 비 그치면

ⓒ 류시균, 2025

초판 1쇄 발행 2025년 8월 15일

지은이	류시균
펴낸이	이기봉
편집	좋은땅 편집팀
펴낸곳	도서출판 좋은땅
주소	서울특별시 마포구 양화로12길 26 지월드빌딩 (서교동 395-7)
전화	02)374-8616~7
팩스	02)374-8614
이메일	gworldbook@naver.com
홈페이지	www.g-world.co.kr

ISBN 979-11-388-4602-8 (03810)

- 가격은 뒤표지에 있습니다.
- 이 책은 저작권법에 의하여 보호를 받는 저작물이므로 무단 전재와 복제를 금합니다.
- 파본은 구입하신 서점에서 교환해 드립니다.